D1716607

Texto © Josep Sucarrats, 2020
Ilustraciones © Miranda Sofroniou, 2020
Prólogo © Ferran Adrià, 2020
Traducción del catalán © Gemma Brunat, 2020

© Editorial Flamboyant, S. L., 2020
Bailén, 180, planta baja, local 2, Barcelona (08037)
www.editorialflamboyant.com

Dirección editorial de Patricia Martín
Edición de Paula Esparraguera
Diseño de Heura Martos Vergés
Corrección de Raúl Alonso Alemany

Primera edición: septiembre de 2020
ISBN: 978-84-17749-69-9
DL: B 3568-2020
Impreso en Printer Portuguesa, Portugal

Libro libre de emisiones de CO_2
gracias al acuerdo establecido con
la Fundación Plant-for-the-Planet.

MERCADOS

UN MUNDO POR DESCUBRIR

JOSEP SUCARRATS

MIRANDA SOFRONIOU

TRADUCCIÓN DE GEMMA BRUNAT

Flamboyant

FERRAN
ADRIÀ

Chef de prestigio internacional

Hace algunos años, cuando en verano abría el restaurante elBulli, junto a la arena y las aguas del Mediterráneo, dedicaba parte del resto del año a viajar por el mundo. Fue así como conocí, por primera vez, numerosas cocinas e ingredientes nuevos para mí. En una ocasión fui al Amazonas acompañado de Alex, un buen amigo que tiene un restaurante en São Paulo, y dos chefs más, José y José Mari.

Alex nos enseñó un montón de especies de todo tipo paseando entre los puestos del Mercado Ver-o-Peso de Belém, una ciudad brasileña a la orilla del río. Nunca olvidaré aquella visita. Me di cuenta de que, aunque cocine y coma cada día, me queda muchísimo por aprender sobre gastronomía y alimentación.

Me encantaría que pudierais ir, al menos una vez en la vida, a este mercado. Pero si, por lo que sea, no podéis, seguro que cerca de casa tenéis uno donde venden comida y bebida. Durante muchos años, yo mismo estuve en un taller al lado de uno de los mercados más famosos del mundo: la Boqueria, en Barcelona. ¡Iba cada día! Aún lo visito de vez en cuando y siempre descubro algo. Muchos comerciantes conocen mejor que nadie las frutas, verduras, carnes o pescados que venden, productos de los que pueden explicaros recetas deliciosas y curiosidades insospechadas.

Por eso acepté de buen grado redactar el prólogo de este libro, escrito e ilustrado con tanto esmero. ¡En los mercados me siento como en casa! En las páginas que siguen, comprobaréis que los mercados son lugares de lo más interesantes, si abrís bien los ojos.

Cuando visitamos los mercados, la cabeza se nos llena de preguntas, pero también encontramos muchas respuestas. Así que os animo a visitarlos a menudo. En cada página del libro descubriréis alguno de los mercados que alimentan a los vecinos de su rincón de mundo. Porque podéis estar seguros de que lo que no existe en ningún lugar habitado son personas que ni cocinen ni coman.

¿Sabéis que una de las primeras habilidades que desarrolló el pensamiento humano fue la de cocinar? Saber qué tenemos que comer, cómo y cuándo; qué podemos combinar y qué no; qué técnicas de conservación o de cocción mejoran los alimentos. ¡Hace miles y miles de años que los humanos nos dedicamos a esto!

Si sois curiosos, sentiréis que cualquier sitio del planeta os da la bienvenida. Y nos gustará mucho, si podéis, que vengáis a elBulli a explicarnos todo lo que habéis aprendido comiendo, bebiendo y cocinando gracias a los mercados que alimentan a la humanidad.

MERCADO DE LA BOQUERIA

BARCELONA, ESPAÑA

VIDAL PONS 1897

VIDAL PONS

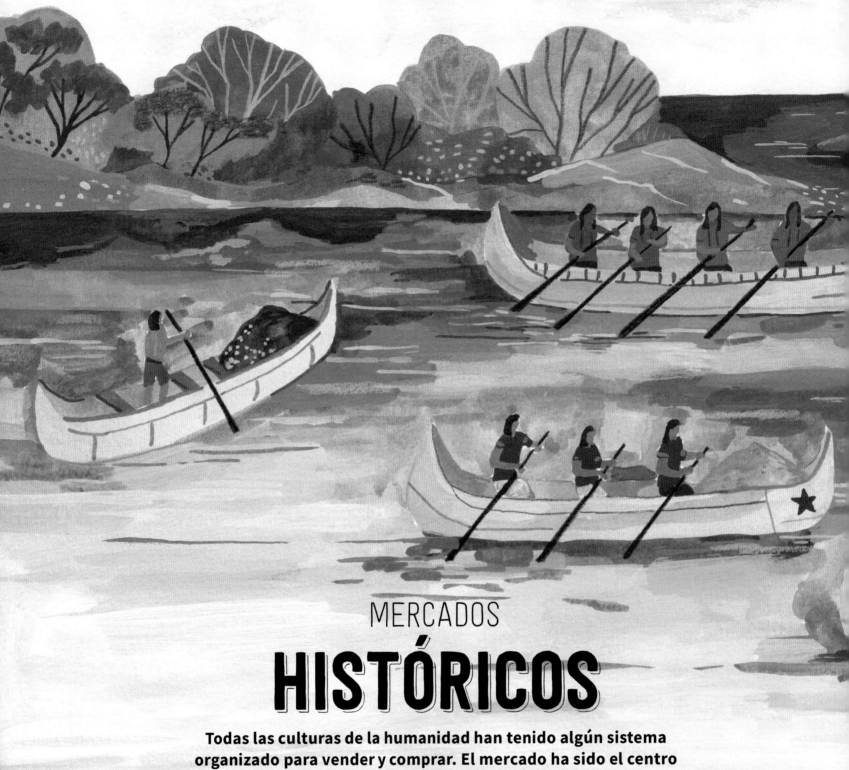

MERCADOS
HISTÓRICOS

**Todas las culturas de la humanidad han tenido algún sistema
organizado para vender y comprar. El mercado ha sido el centro
de muchas ciudades desde la Antigüedad. Ha servido para que
los ciudadanos encontraran lo que les hacía falta para vivir y,
además, ha ofrecido un espacio de encuentro
y de intercambio de ideas y conocimiento.**

Cuentan que los primeros comerciantes de la historia eran ambulantes, es decir, iban
de un lugar a otro cargados con las mercancías para venderlas. Más adelante, se reunieron un día y una hora concretos en un sitio concurrido. ¡Habían nacido los mercados!

El ágora griega. Platón, un filósofo de la antigua Grecia, explica en *La República* que,
gracias a los mercados y a la gente que allí se reunía, se empezaron a organizar las comunidades que acabarían formando las ciudades. De hecho, el corazón de las ciudades
griegas era el ágora, una plaza en donde se cerraban tratos, se escuchaban discursos
políticos, se debatía ¡y se compraba!

El *macellum* romano. Si las ciudades griegas tenían el ágora, el correspondiente romano era el foro. Sin embargo, con el paso del tiempo, los gobernantes romanos prefirieron agrupar el comercio de alimentos bajo un mismo techo. Construyeron unos edificios, los *macella*, donde se vendían todo tipo de carnes, pescados, especias y productos importados del mundo conocido por los romanos. El *macellum* de Roma era importantísimo, y sabemos que en el siglo II a. e. c. ya existía. Los *macella* eran rectangulares, tenían un estanque en el centro e hileras de pórticos con los puestos de venta. Estaban decorados con mucho lujo, porque los gobernantes querían demostrar el poder de la ciudad.

Las canoas amerindias. Los pueblos amerindios de Norteamérica intercambiaban bienes diversos, a menudo remontando los ríos con las canoas llenas de materias primas y productos manufacturados. Como se trataba de pueblos nómadas, se encontraban en lugares estratégicos donde organizaban ferias. Durante los siglos XI y XII, por ejemplo, Cahokia, en el actual estado de Illinois, fue un importante punto de encuentro. Dinamizaba toda la zona a lo largo del río Misisipi con el comercio, pero también en el terreno político, económico y religioso.

Los tianguis aztecas. Los mercados de la civilización azteca se llamaban tianguis y podían encontrarse en muchísimas poblaciones del Imperio. El más importante de todos era el de Tlatelolco, una ciudad que los aztecas fundaron en 1338 en el México actual. En el centro levantaron un templo y, delante, una plaza enorme con un tianguis. Cuando llegaron los españoles, quedaron maravillados con este mercado. Tanto que cuando invadieron la ciudad casi ni lo tocaron. Se comercializaban frutas y verduras de todo el Imperio azteca, pero la novedad que los fascinó más fue el cacao.

El mercado medieval del Beffroi. En la Europa de la Edad Media, los mercados eran el centro de las ciudades. Solían ser mercados al aire libre situados cerca de las iglesias, pero las ciudades más ricas empezaron a levantar construcciones para organizarlos mejor y combinar varios servicios. Entre los siglos XII y XV, en la ciudad belga de Brujas, construyeron el mercado del Beffroi. En la planta baja estaban los carniceros, los especieros y los merceros (que vendían cintas, hiladillos, hilos, botones...), y en la planta superior se instaló el ayuntamiento.

Caravanas rumbo a Kasgar. Hace unos 700 años, Marco Polo escribió: «Llegan a Kasgar incontables telas y mercancías. La gente vive de los talleres y comercios. De esta comarca parten muchos mercaderes, que recorren el mundo para vender». Gracias al viajero italiano, sabemos que el mercado de Kasgar, en China, ya era importante en la Edad Media y, seguramente, incluso mucho antes.

Todavía hoy se llena de vendedores y compradores. ¡Algunos recorren dos mil kilómetros para ir! Se vende de todo: tela, zapatos, ropa, artesanía, ganado... En sus tabernas sirven boles muy calientes de tallarines y carne, ¡hace mucho frío!

El Gran Bazar de Estambul. Suele considerarse el mercado cubierto más antiguo que se puede visitar. Lo construyeron los sultanes poco después de conquistar Estambul, hace más de cinco siglos. De este modo, demostraron su poder a los ciudadanos.

Al principio fue un mercado dedicado a productos y objetos de lujo. Cada calle la ocupaban artesanos distintos (joyeros, tejedores de seda, fabricantes de esteras...) y el olor a té, café y especias. ¡El Gran Bazar tiene 58 calles y 4000 tiendas!

Los caminos de los aborígenes australianos. En los tiempos que Europa y Asia comerciaban por la Ruta de la Seda, los aborígenes australianos lo hacían a través de rutas sagradas o caminos que, según sus creencias, habían trazado sus ancestros, y recordaban las direcciones mediante canciones. Los cruces de estos caminos, normalmente cerca de ríos o lagunas, eran el lugar de intercambio.

Los aborígenes entendían el comercio en un sentido muy amplio. Así, además de objetos y productos, en sus mercados se intercambiaban también canciones, danzas, historias, rituales...

QUÉ SE PUEDE HACER EN LOS
MERCADOS

**A los mercados se va a comprar,
pero también son lugares de intercambio, ocio y aprendizaje.**

REUNIRSE - LLENAR LA DESPENSA - AYUDAR A LA SOSTENIBILIDAD - DIVERTIRSE - APRENDER A COCINAR - COMER Y BEBER

LLENAR LA DESPENSA

En los mercados se pueden comprar productos frescos, cultivados, criados o pescados no demasiado lejos. Por lo tanto, han viajado menos y conservan mejor el sabor y las propiedades nutricionales. También se venden productos elaborados (pan, especias, bebidas, embutidos...) y alimentos de todo el mundo.

AYUDAR A LA SOSTENIBILIDAD

Los mercados ayudan a la sostenibilidad del planeta porque ofrecen productos de proximidad y se utilizan menos envases y bolsas de plástico. Asimismo, el Queen Victoria Market de Melbourne incentiva las granjas domésticas de gusanos para reducir los residuos y generar fertilizante.

DIVERTIRSE

Los mercados son un espectáculo: gente arriba y abajo, colores, aromas... En la Edad Media ya era así. Junto con los comerciantes había músicos, acróbatas, bailarines... El mercado de Yemaa el-Fná de Marrakech, en Marruecos, todavía conserva este espíritu. Hay artistas callejeros en cada esquina. El mercado Chatuchak de Bangkok, en Tailandia, tampoco debe de ser aburrido: cuando abre, ¡acuden más de 200 000 personas!

En Baltimore encontramos el mercado más antiguo de Estados Unidos, el Lexington Market. ¡Tiene más de 200 años! Cuando se celebra la tradicional carrera de caballos Preakness Stakes, el mercado organiza otra con cangrejos, ¡su producto estrella!

COMER Y BEBER

Muchos mercados tienen al menos un bar, y hay otros que ni siquiera tienen puestos de venta: solo cuentan con bares y restaurantes. Uno de los más bonitos es el Mercado de San Miguel, en Madrid.

¿Sabéis qué hacen en los mercados franceses? Hay puestos donde puedes llevar el pescado, la carne o la verdura que acabas de comprar y te preparan un plato para chuparse los dedos.

APRENDER A COCINAR

¡Los tenderos son un pozo de ciencia culinaria! Aguzad los oídos para escuchar sus trucos y consejos. Además, muchos mercados han abierto un aula de cocina y algunos programan talleres de cocina para niños.

REUNIRSE

Desde sus inicios, los mercados se convirtieron en un lugar de encuentro y de reunión de gente diversa y de todas partes. Si vais, por ejemplo, al West Side Market de Cleveland, en Estados Unidos, veréis puestos de comida polaca, alemana, irlandesa, persa..., pues la ciudad se fundó y ha crecido con gente llegada de todo el mundo.

A la gente le gusta ir a los mercados, donde suelen coincidir con otras personas, con las que a menudo empiezan hablando de recetas y trucos de cocina ¡y terminan explicándose la vida!

Los mercados han inspirado obras de arte, películas e incluso ideas políticas y revoluciones. Es parte de su encanto.

QUÉ HAY EN LOS
MERCADOS

¿Sabéis por qué comprar en los mercados nos ayuda a comer más variado?

¡Porque encontramos de todo! En los mejores mercados de todo el mundo hay verduras, frutas, carnes, pescados y algunos alimentos más que consiguen que, a pesar de que estemos en la otra punta del planeta, nos sintamos como en casa. Aunque, claro está, los productos pueden variar según el país donde estemos.

VERDURAS

Pocos alimentos nos proporcionan tantas vitaminas y tanta fibra.

Las verdulerías tiñen de verde los mercados, en especial en invierno, que es cuando hay más verduras. Es importante comprarlas variadas y conocer bien sus propiedades para seguir una dieta equilibrada. Además, cada vez hay más personas que no comen carne ni pescado.

También hay verduras bajo el agua: ¡las algas! En países como Japón las usan en muchas recetas. ¡Son muy sanas!

FRUTAS

Las frutas nos gustan porque son dulces, y muchas nos quitan la sed. ¡Comer fruta es una manera muy saludable de conseguir más energía!

En los países con menos horas de sol, las frutas son menos vistosas, pero a medida que nos vamos acercando al ecuador —la parte del planeta donde toca más el sol— ganan colorido.

La ciudad de Belém, en el estado de Pará, en Brasil, es la puerta de entrada a la selva amazónica. Su mercado, Ver-o-Peso, ¡tiene más de cien tipos de fruta distintos! La más popular es el azaí.

HORTALIZAS

En un mercado, ¿qué diríais que se parece más a una joyería? ¡Los puestos de hortalizas! Fijaos: berenjenas moradas, pimientos rojos, calabacines verdes, zanahorias naranjas… En verano es cuando hay más colores, mientras que en invierno —cuando se recolectan hortalizas que crecen bajo tierra, como las patatas, los boniatos o la remolacha— los colores son más apagados.

CARNES

Son uno de los alimentos más delicados. Por eso, en el mercado, muchos clientes buscan una carnicería de confianza.

En las pollerías venden pollos y patos. En países con grandes prados, como Argentina, se vende mucha carne de vacuno, que es la de buey, vaca o ternera. También suele haber carne de cordero. En Estados Unidos, China y Europa se consume bastante carne de cerdo, pero en los países árabes no, porque los musulmanes no comen este animal.

PESCADO

¡Qué suerte poder comprar el pescado recién llegado al puerto en los mercados de las poblaciones marineras! Durante siglos, solo comía pescado la gente que vivía cerca del mar, ríos o lagos. Hoy, gracias a los sistemas de transporte refrigerado, llega casi a todas partes. Si paseáis por el Saint John City Market, en Canadá, veréis la antigua sala de hielo donde conservaban el pescado antes de que se inventaran las cámaras frigoríficas.

El mercado de pescado más grande del mundo es el de Tsukiji, en Tokio. ¡Cada día llegan 3000 toneladas de pescado de 450 especies distintas!

OTROS ANIMALES

Reptiles, insectos, anfibios, crustáceos, bivalvos... Los humanos comemos de todo. Lo que en algunas culturas puede dar auténtico repelús, en otras es de lo más normal.

Algunas especies, como el caimán salvaje, están en riesgo de extinción. En cambio, los insectos podrían alimentar a muchísima gente en un futuro, porque aportan proteínas y son fáciles de criar. En Asia y América Latina ya hace siglos que se comen.

ESPECIAS Y CONDIMENTOS

Seguro que habéis probado la pimienta. Puede que también el azafrán y la canela. ¿Os suenan el comino y la guindilla? ¿Y la mostaza? Podríamos apuntar en una lista hasta 150 ingredientes que se clasifican como especias y condimentos. Sirven para dar un toque distinto a los platos. Las especias están muy arraigadas en algunas culturas y en sus mercados podemos encontrar a montones.

En los puestos del Központi Vásárcsarnok de Budapest suele haber colgadas ristras de guindillas rojas. Allí a la guindilla la llaman *paprika* y se añade en muchísimas recetas. ¡Es casi un símbolo de la ciudad!

LEGUMBRES, GRANOS Y SEMILLAS

Las legumbres aportan muchas proteínas. ¡Si hacéis deporte, son imprescindibles! En el mercado las podéis comprar crudas, en grano, o cocidas.

Hay legumbres y granos que se pueden plantar. Así, de un garbanzo puede crecer una planta de garbanzo, por ejemplo. Pero también comemos otro tipo de semillas que no son legumbres, como las de la calabaza, el girasol o la chía. ¡Son muy energéticas!

CONSERVAS

Conservar alimentos nos permite comerlos fuera de temporada o enviarlos lejos (transportándolos frescos se estropearían).

Las formas más antiguas de conservarlos consisten en desecar el producto (como los tomates secos de Italia) o salarlo (como el bacalao del Atlántico). Pero también son conservas la carne y los embutidos curados (que se secan colgados en unas salas donde el aire les quita el agua), las mermeladas (compotas de fruta o verdura hervida con azúcar y envasada dentro de botes herméticos) o los ahumados, entre otras.

ESTO TAMBIÉN SE
COME

Si tenemos hambre, en casi cada rincón del planeta encontraremos algún alimento que llevarnos a la boca. En los mercados, seguro.

Cuando viajáis y entráis en un mercado, en un primer momento podéis pensar que todo es más o menos parecido a lo que ya conocéis. Pero, sobre todo si viajáis lejos, encontraréis alimentos que os parecerán rarísimos. ¡A vosotros, claro!, porque para los clientes de aquellos mercados seguro que son de lo más normal.

Ahora daremos una vuelta por mercados de todo el mundo y llenaremos la cesta. ¿A punto para dejaros sorprender? ¡Sed curiosos y atrevidos!

Durián. En las fruterías de los mercados de Can Tho, en Vietnam, tienen una fruta con una corteza llena de pinchos, el durián. ¡Cuando se abre, apesta a calcetines sucios! Para los vietnamitas, esto no supone ningún problema. Ya están acostumbrados a su olor y suelen comerlo con gusto. Es muy nutritivo.

Araña. En los mercados de la ciudad de Skuon, en Camboya, os ofrecerán arañas fritas. Se dice que hace más de cien años que los camboyanos las comen. Por aquel entonces, pasaban hambre y no tenían otra cosa. ¡Pero ahora son un plato de moda! Las fríen con aceite de ajo y quedan crujientes por fuera y tiernas por dentro.

Lengua de pato. El día que visitéis Pekín, id a pasear por la famosa calle comercial de Qianmen. Allí está el mercado de la carne. Si veis unas tiras alargadas de carne que no reconocéis…, ¡son lenguas de pato! En China las consideran una exquisitez. Se las comen fritas o cocidas ensartadas en broquetas.

Saltamontes. Si vais algún día al mercado de abastos de Oaxaca, no os costará encontrar puestos donde venden chapulines. Son unos saltamontes y hace miles de años que se utilizan en esa parte del mundo. Los comen tostados, condimentados con un poco de limón, sal y ajo. ¡Para los mexicanos son como una golosina!

Pez globo. En la ciudad japonesa de Shimonoseki hay un mercado de pescado enorme, el Mercado de Karato. Allí venden el pez más caro y peligroso del mundo: el pez globo o, en japonés, *fugu*. ¡Es tan tóxico que puede causar la muerte! En los restaurantes, solo lo pueden ofrecer los cocineros que han superado un curso para aprender a cocinarlo. A los japoneses les parece un manjar tan delicioso que esto no los asusta y están dispuestos a pagar un dineral para comerlo.

Caviar. Al Mercado de Danilovsky, en Moscú, llegan productos de todo el país y de las repúblicas vecinas. Además de frutas y hortalizas, hay productos como pescado ahumado, quesos frescos o caviar, que son huevas de esturión, un pez muy valorado en Rusia. Las hembras de esturión tardan unos siete años en ser fértiles y dar huevos. Por ese motivo, el caviar es carísimo.

Caracoles. En la Prehistoria, los humanos comían caracoles. Hoy, en países como Francia, España e Italia, todavía gustan mucho. Antes de cocinarlos, los guardan en caracoleras para que se purguen. Esto significa, más o menos…, ¡que tienen que hacer caca para quedar limpios del todo! Si comerlos os da grima, tened en cuenta que con la baba de algunos caracoles también se fabrican cremas y cosméticos.

Zumo de alfalfa. No sorprende que en el mercado de Iñaquito de Quito, en Ecuador, haya tantos puestos de zumos. ¡Hace un calor sofocante! Los puedes encontrar de naranja, de papaya, de piña, de mango, de melocotón, de mora, de una mezcla de frutas tropicales llamada comeibebe… ¡y de alfalfa!

Hákarl. En Reikiavik, encontramos el mercado de Kolaportið, junto al puerto. Del techo cuelgan pescados enormes de un color amarronado. Son *hákarl*, tiburón de Groenlandia curado y secado. ¡Prepararlo es muy laborioso! Cuando los pescadores llegan a puerto con el tiburón, se entierra en un agujero cubierto de piedras durante unos dos meses. Después, se cuelga para secarlo. Si no estáis acostumbrados, os parecerá que suelta un hedor espantoso. En Islandia es un producto tradicional.

Percebes. El percebe es un animal muy antiguo: hace 30 millones de años que prácticamente no ha cambiado. Estos crustáceos son dificilísimos de comer. No tienen cabeza, ni ojos, ni nada: parecen un trocito de rama. Cogerlos en las rocas de las costas gallegas, en España, es muy peligroso, porque donde encuentras más es donde las olas rompen fuerte contra las rocas. Los *percebeiros*, las personas que los arrancan y recogen, son muy valientes.

Lagarto. Hay culturas en las que comer reptiles no tiene nada de extraño. En muchos lugares de África, los comen. En el mercado más grande del continente, el mercado de Kejetia, en la ciudad de Kumasi, en Ghana, se venden lagartos.

IRÁN

BULGARIA

Setas · 1800 km

ISLANDIA

Azafrán · 3400 km

ESPAÑA

Bacalao · 5000 km

DE DÓNDE LLEGAN LOS
ALIMENTOS

**Nos gusta ir a los mercados porque
allí encontramos productos frescos
de los agricultores y pescadores cercanos.**

TURQUÍA

PORTUGAL

¡Hace siglos que es así! Sin embargo, gracias a la tecnología y a los medios
de transporte, en los mercados se pueden encontrar alimentos de los cinco
continentes. La humanidad siempre se las ha ingeniado para conservarlos:
salándolos, desecándolos, envasándolos, congelándolos… De este modo, han podido
viajar sin estropearse. ¡Hoy tenemos mercados que son como un pequeño planeta!

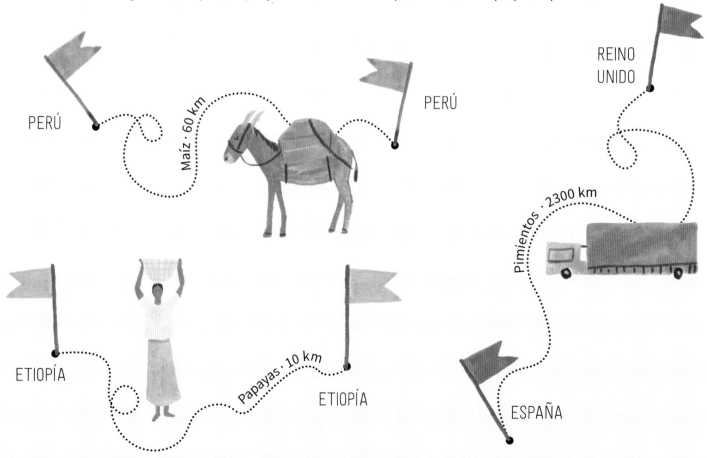

PERÚ

Maíz · 60 km

PERÚ

REINO
UNIDO

Pimientos · 2300 km

ETIOPÍA

Papayas · 10 km

ETIOPÍA

ESPAÑA

MAÍZ DEL VALLE SAGRADO DE LOS INCAS, PERÚ

Mercado Central de San Pedro de Cusco, Perú.
60 km en asno

En Urubamba, en el Valle Sagrado de los Incas, se cosecha muchísimo maíz. Los campesinos lo transportan hasta el impresionante Mercado Central de San Pedro de Cusco. Entre las variedades de maíz que se cultivan en el país, hay una de color morado con la que se prepara una bebida llamada chicha morada.

En este mercado encontraréis un sinfín de ingredientes que los incas ya consumían, como el chocolate, que ocupa un pasillo entero del lugar. Otros os puede sorprender que se coman, como el conejillo de Indias. Es un mercado famoso por las sopas y los zumos de frutas, pero se cocinan muchos más productos.

El maíz es uno de los ingredientes más populares del mundo.

PIMIENTOS DE EL EJIDO, ESPAÑA

Borough Market, Londres, Reino Unido.
2300 km en tráiler

En El Ejido, en Almería, hay kilómetros y kilómetros de invernaderos dedicados a la producción de frutas y hortalizas. Cada día, centenares de tráileres frigoríficos cargados de pimientos rojos, verdes y amarillos, y también de otros productos, salen de la ciudad con destino a los grandes mercados europeos.

Sabemos que, hace poco más de mil años, los campesinos ya iban al lugar donde actualmente se encuentra el Borough Market, el mercado más grande de Londres, para vender lo que cosechaban. Hoy se venden allí muchísimos alimentos llegados de España.

AZAFRÁN IRANÍ

Bazar de las Especias de Estambul, Turquía. 3400 km en camión

El azafrán y otras especias se consideraban productos de lujo en la Edad Media. El azafrán es caro y tiene un sabor intenso. Por eso, en la cocina se emplea muy poca cantidad. En la Ruta de la Seda, que unía China e Italia, se comerciaba con azafrán. En la ciudad turca de Estambul incluso construyeron, en 1663, el Bazar de las Especias. Todavía hay puestos de especias, pero abundan más los de otros productos, como los dulces o los frutos secos.

El azafrán llega de Irán, el mayor productor mundial de esta planta, por carretera desde la ciudad de Torbat-e Heydarieh, a 3400 km de Estambul.

¡Un kilo de azafrán puede llegar a ser más caro que un kilo de oro!

BACALAO DE ISLANDIA

Mercado do Bolhão, Oporto, Portugal. 5000 km en barco

Los portugueses son un pueblo pescador: ¡están al lado del Atlántico! Sin embargo, el pescado que más consumen es el bacalao y lo van a buscar a 5000 kilómetros de allí, en las gélidas aguas de Islandia, Noruega o Rusia. Lo descubrieron hace casi mil años y aprendieron a conservarlo salado y desecado. De este modo, era muy fácil transportarlo por mar y, como pescaban mucho, lo podían distribuir por todo el país. El Mercado do Bolhão, en Oporto, todavía conserva los puestos de bacalao casi igual que cien años atrás.

Alrededor del año 1000, los pescadores vascos se especializaron en la pesca del bacalao. ¿Sabíais que hay pruebas que indican que, siguiendo los bacalaos, llegaron a Terranova (Canadá) siglos antes de que Cristóbal Colón pisara América?

¡Los portugueses presumen de tener más de mil recetas para cocinar bacalao!

23

SETAS BÚLGARAS

Mercado de la Boqueria, Barcelona, España. 1800 km en avión

Las setas son una delicia silvestre. En muchos países son auténticas desconocidas, mientras que en otros es habitual comerlas. Para los japoneses y los franceses, por ejemplo, son un ingrediente básico de la cocina de otoño.

En España, sobre todo en Cataluña, pasa lo mismo; cuando llega la temporada de setas, no hay suficientes para cubrir la demanda. Por eso, se compran en otros países y regiones donde crecen las mismas setas —níscalos, hongos calabaza, higróforos…—, pero donde no se comen. En Bulgaria hay bosques en los que se recogen a diario, y llegan al cabo de pocas horas a Barcelona en avión, muy frescas.

PAPAYAS ETÍOPES

Mercato, Adís Abeba, Etiopía. 10 km a pie

El mercado más grande de África está en Adís Abeba, Etiopía. Es conocido como el Mercato y está cubierto. Encontraréis de todo, desde ropa hasta muebles, pasando, claro está, por comida. ¡Es imposible verlo entero en un día!

La zona de frutas y hortalizas despliega una variedad increíble de productos y colores. Cuando las cosechas son buenas, llegan mangos, papayas, limones o naranjas de todo el país. Las campesinas de los alrededores de Adís Abeba las recogen y las llevan andando al centro de la capital para venderlas. Además, Etiopía es famosa por producir uno de los mejores cafés del mundo. En el Mercato hay más de cien puestos donde lo venden.

TIPOS DE
MERCADOS

**¡No todos los mercados son iguales!
Algunos quedan resguardados dentro de naves
enormes cubiertas con un tejado, otros son
al aire libre y confían en el sol. Y aunque casi
todos se levantan a ras de suelo, también hemos
encontrado algunos que flotan en el agua.**

Hay mercados para todos los gustos: de artesanía;
de libros, artefactos y objetos antiguos o de segunda mano;
efímeros, pensados para una ocasión concreta...
Y mercados solo para profesionales.

MERCADOS
CUBIERTOS

Son edificios muy bonitos, espaciosos y bien aireados, construidos casi siempre con estructuras de hierro y vidrio.

Hace dos siglos, unos arquitectos ingleses tuvieron la idea de cubrir los mercados con un tejado porque estaban convencidos de que así serían más higiénicos y cómodos. Además, ¡en Inglaterra llueve un montón! Se dice que el primero que cubrieron fue St John's City Market, en Liverpool, en el año 1820. La idea de los mercados cubiertos pronto se extendió por todo el mundo. En 1872, por ejemplo, inauguraron el Mercado Central de Santiago, en Chile. Todavía existe y se considera uno de los mejores del mundo, ¡sobre todo por el pescado!

En Dakar, la capital de Senegal, hay el Marché Tilène. Es el mercado más céntrico de la ciudad y cada día es un alboroto de vendedores, compradores, carros, vehículos, animales... Los campesinos venden frutas y hortalizas allí y, a veces, montan sus puestos fuera del mercado.

MERCADOS
AL AIRE LIBRE

Se hacen en el exterior, normalmente en plazas.
Pueden montarse y desmontarse a diario, funcionar varios
días seguidos o estar solo unas jornadas a la semana.

En buena parte de África llueve poquísimo, por lo que no os sorprenderá que allí casi todos los mercados sean al aire libre. Uno de los más grandes y bulliciosos es el que montan cada lunes en la explanada de delante de la Gran Mezquita de Djenné, una ciudad de Mali. Se vende de todo, desde ropa a animales, o los ingredientes más típicos de la gastronomía del país: fideos, calabazas, especias... También hay puestos donde los cocinan. Si vais alguna vez y los probáis, mejor que sea con una botella de agua a mano: ¡los platos son muy picantes!

En Guatemala encontramos el mercado de Chichicastenango. Es precioso, lleno de colores de las frutas y verduras, de los tejidos típicos guatemaltecos y de las flores que se venden en las escaleras de la iglesia de Santo Tomás.

MERCADO DE CHICHICASTE-NANGO
GUATEMALA

MERCADOS
FLOTANTES

Los puestos son barcas. Se agolpan en el muelle de ciudades levantadas
junto a grandes ríos. A falta de un espacio idóneo en tierra,
estos mercados han conseguido ganar espacio sobre el agua.

Los mercados flotantes son muy típicos del sudeste asiático, en países como Birmania, Tailandia y Vietnam. El más famoso del mundo es el de Damnoen Saduak, en Tailandia. Los vendedores son campesinos y pescadores que viven en pueblos al lado del río. Bajan a la ciudad con barcas llenas de productos… ¡y no hace falta que los descarguen! Los ofrecen desde la barca mismo y, cuando lo han vendido todo, vuelven remando a casa.

Aunque pueda parecer difícil saber qué vende cada barca, estos mercados tienen su orden. En el de Cai Rang, en la ciudad vietnamita de Can Tho, los puestos que ofrecen productos parecidos están unos al lado de los otros. Además, hay barcas que cuelgan muestras de lo que venden en lo alto de un palo vertical, para que se vean de lejos.

MERCADO
DE CAI RANG
CAN THO,
VIETNAM

OTROS
MERCADOS

**Hay algunos tipos de mercado tan especiales,
que les damos un nombre particular.**

Por supuesto, siguen siendo mercados, pero si nos referimos a ellos
por su nombre concreto, ya sabemos de qué tipo son. La mayoría venden alimentos,
pero algunos no. Aun así, si vais, veréis como el ambiente que se respira allí
se parece muchísimo al del resto de los mercados.

ENCANTES

En el exterior de algunos mercados de Barcelona, pero adosados a la fachada, hay puestos de ropa, productos del hogar, zapatos y otras mercancías. A estos pequeños mercados que no son de alimentación se los llama encantes. En Barcelona también hay un mercado enorme, el Mercat dels Encants, que se dedica a la venta de muebles y enseres de segunda mano o antiguos.

En muchas ciudades encontramos mercados de este tipo, aunque reciben otros nombres. En Madrid los llaman rastros. Y en París, Bruselas o Praga les dan un nombre bastante divertido: mercados de las pulgas.

**MERCAT
DELS ENCANTS**

BARCELONA,
ESPAÑA

ZOCOS Y BAZARES

GRAN BAZAR

TEHERÁN, IRÁN

Los mercados de las ciudades islámicas, es decir, donde la religión que predomina es la musulmana, se llaman zocos o bazares. Podemos mencionar el de Jan el-Jalili, en El Cairo, pero también son muy importantes los de Marrakech, Túnez o Estambul. Acostumbran a estar situados en el centro de la ciudad y reúnen puestos de joyas, esteras, muebles o utensilios de cocina. La mayoría son al aire libre, pero algunos están en hermosos edificios medievales. Uno de los más grandes es el Gran Bazar de Teherán, en Irán. A pesar de que es muy famoso por las joyas y los relojes, también vende comestibles tradicionales, sobre todo frutos secos y, especialmente, pasas.

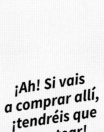

¡Ah! Si vais a comprar allí, ¡tendréis que regatear!

33

LONJAS

En la Edad Media, las lonjas del Mediterráneo eran lugares donde los mercaderes cerraban acuerdos comerciales. Eran fundamentales para la economía y en algunas ciudades se construyeron bellos edificios, que todavía existen, para acogerlas.

Hoy, la lonja más grande del mundo es la de Toyosu, en Japón, pero es una lonja de pescado. En los puertos importantes, se trata del edificio adonde los pescadores llevan el pescado fresco para ponerlo a subasta. Cada caja se expone a los compradores con un precio de salida. Entonces, los que están interesados en comprarla empiezan a pujar. Quien ofrece el precio más alto se lleva el pescado. Los compradores son pescaderos o cocineros profesionales. Son los únicos que pueden participar en la subasta de las lonjas.

A la orilla del océano Índico está Dar es-Salam, una de las ciudades más importantes de Tanzania. Muchos de sus habitantes se reúnen cada mañana en la lonja de la ciudad para participar en las subastas de pescado y marisco recién traído del mar.

LONJA DE TOYOSU

TOKIO, JAPÓN

¡Quien ofrece el precio más alto se lleva el pescado!

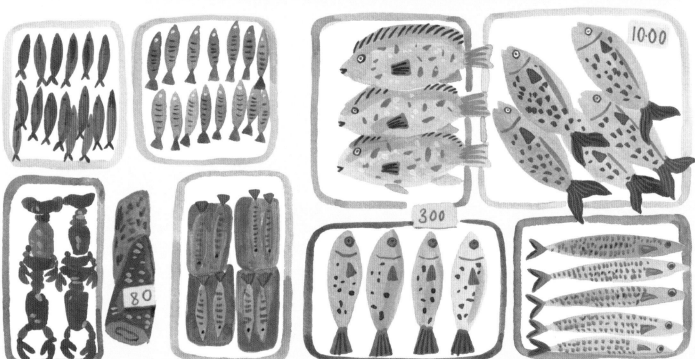

MAYORISTAS

Los mercados de mayoristas son inmensos y parecen una ciudad en sí mismos. Tienen una red de calles propia, pues hacen falta decenas de edificios para exponer todo el género.

Para entrar en ellos, a menudo hay que pagar un peaje o pedir un permiso especial. La razón es que son mercados para profesionales que compran en cantidades enormes, como, por ejemplo, empresas de conservas de hortalizas, cocineros de grandes restaurantes, responsables de comedores escolares o de cocinas de hospitales... ¡o los vendedores de los mercados donde vais a comprar, claro!

El mercado mayorista de alimentación más grande del mundo es el Marché International de Rungis, en las afueras de París. Es impresionante todo lo que venden. ¡Podéis encontrar centenares de tipos de quesos!

MARCHÉ INTERNATIONAL DE RUNGIS

PARÍS, FRANCIA

CÓMO
PAGAMOS

Ya lo sabéis: en las tiendas, ¡todo tiene un precio!

Hay mucha gente que se gana la vida vendiendo mercancías. Por eso, desde la Prehistoria, los humanos hemos inventado sistemas para pagar por los productos o servicios que necesitamos. Dependiendo del mercado donde vayáis, tendréis que pagar de un modo u otro. Podemos encontrar costumbres totalmente distintas.

MERCADOS DE INTERCAMBIO

ETIOPÍA

TRUEQUE

¡Fijaos si es un método antiguo que lo inventaron en el Neolítico, hace más de 5000 años! Ya entonces se dieron cuenta de que no todo el mundo podía hacerlo todo. Así pues, decidieron intercambiar productos y servicios.

Miles de años después, hay mercados donde todavía se compra de este modo. En Etiopía, por ejemplo, los artesanos konso intercambian en el mercado sus piezas por carne o leche de los pastores bodi. Este sistema se llama trueque.

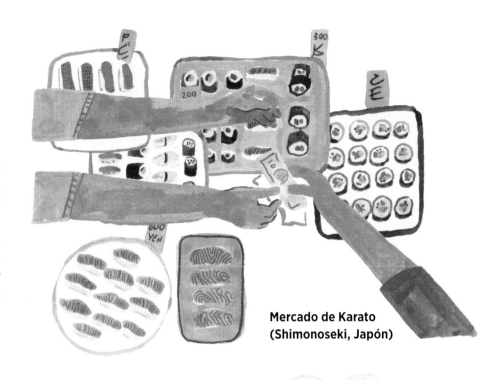

Mercado de Karato
(Shimonoseki, Japón)

MONEDAS Y BILLETES

Los griegos inventaron la moneda hace 2700 años, al comprobar que con el trueque era difícil compensarlo todo de una forma justa. En cambio, si para comprar y vender se empleaban monedas, se podía indicar claramente el precio de cada cosa.

Los billetes de papel, en cambio, solo hace unos 300 años que existen; se usaron por primera vez en Suecia.

Mercado de San Miguel
(Madrid, España)

TARJETAS Y MÓVIL

Muchas veces se paga con una tarjeta de plástico que se introduce o se acerca a una máquina. Se trata de la tarjeta electrónica, creada por un banco americano hace 60 años. Al pagar, el dinero que cuesta la compra pasa de nuestra cuenta del banco a la del vendedor.

Los pagos electrónicos se han sofisticado tanto que hoy mucha gente paga con el teléfono móvil o incluso con un reloj inteligente.

REGATEO

En algunos países, el precio de los productos está indicado en una etiqueta o cartel, y no cambia. Pero en otros —sobre todo en países árabes y africanos, y en algunos rincones de Sudamérica—, el comprador y el vendedor tienen que regatear, es decir, ponerse de acuerdo para decidir el precio de las cosas. A partir del precio marcado, el comprador propone una rebaja, el vendedor le pide un poco más de dinero, el comprador vuelve a proponer un descuento… Y así hasta que acuerdan un precio que los convence a los dos.

Mercado de Yemaa el-Fná
(Marrakech, Marruecos)

Aparapita. Cargan las compras de los clientes del mercado. Los encontramos, por ejemplo, en el Mercado Rodríguez de La Paz, en Bolivia.

Chef

Verdulero

Pescaderos

Florista

LOS MERCADOS SON LAS
PERSONAS

En los mercados, las personas que venden y compran son tan importantes —o más— como lo que se vende y se compra.

Carnicero

Transportista

Aguador. En los zocos hay un vendedor ambulante muy característico que va cargado con un gran recipiente lleno de agua para dar de beber a todo el mundo que se lo pide.

Vendedor

Inspector de sanidad.
Hay inspectores de todo tipo.
Los de sanidad controlan
que no se vendan productos
en mal estado. Algunos son
veterinarios y supervisan
la calidad de la carne.

Especiero

Artesano

Turista

Campesino

Limpiador

... ¡y los clientes!

Familia de vendedores. Muchas veces, en
las tiendas trabajan varias generaciones de
una misma familia. Por eso saben tanto
de lo que venden.

39

MERCADOS
QUE APARECEN EN EL LIBRO

En este libro se nombran casi cincuenta mercados de todo el mundo. Aun así, seguro que tenéis alguno cerca que no sale en la lista. ¿Os animáis a descubrirlo?

JOSEP
SUCARRATS

Lo que más le gusta a este periodista es la buena comida y la buena conversación, y si pueden combinarse ambas actividades, todavía mejor. Por eso, desde que empezó el siglo XXI se dedica a escribir y hablar de gastronomía. Es director de la revista *Cuina* y colaborador habitual en espacios gastronómicos de radio, televisión y medios digitales. Ha coescrito un libro sobre la cocina barcelonesa y otro sobre el fenómeno del vermut, además de publicar un recetario dedicado a los macarrones. Viajaría a cualquier rincón del mundo para probar un buen plato, pero también le enamora el vino que elabora su familia con la uva de las viñas de la casa donde nació.

MIRANDA
SOFRONIOU

Miranda Sofroniou es una ilustradora británica que vive en Melbourne, Australia. Se graduó en Ilustración en la University of the Arts London (Camberwell College of Arts). La inspiran los viajes y los entornos naturales, que plasma en unas ilustraciones ricas y coloridas. Utiliza técnicas tradicionales de pintura como la aguada, la acuarela y el acrílico, y combina pinceladas libres con detalles abundantes. Con el objetivo de evocar una determinada atmósfera y despertar un sentimiento de exploración y sorpresa, crea mundos narrativos con el encanto necesario para invitar al público a entrar en ellos y a disfrutar de su interpretación personal de la vida que nos rodea.